AF356579

AU ROI.

AU ROI.

Un simple charpentier de village jeta un pont d'une seule arche sur un large torrent. La conception hardie et ingénieuse de l'exécution excitait l'admiration des voyageurs et des hommes de l'art ; mais ces derniers prétendirent que les règles de la construction n'avaient point été suivies : cependant ils passaient sur ce pont, et aucun d'eux n'avait conçu une pareille idée ni exécuté un pareil prodige.

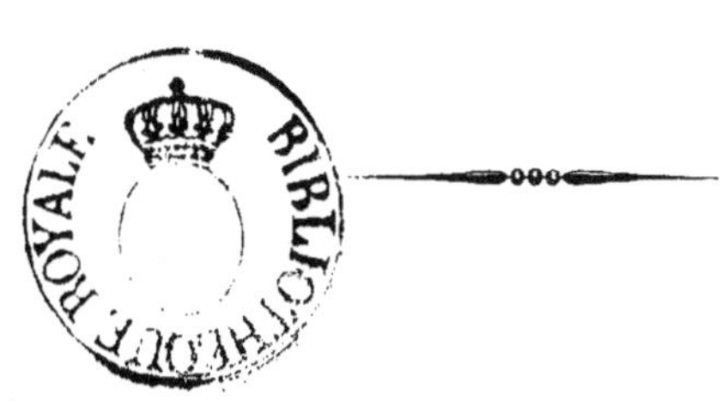

PARIS,
IMPRIMERIE DE AMB. FIRMIN DIDOT,
IMPRIMEUR DE L'INSTITUT, RUE JACOB, N° 24.
1831.

AU ROI.

SIRE,

Ne connaissant qui que ce soit auprès de
Votre Majesté, j'ose prendre la liberté de vous
faire connaître moi-même le projet que je mets
à exécution depuis plusieurs années, d'un ouvrage d'imagination dont le sujet est la vaste
épopée du grand drame commencé il y a qua-
rante ans; son étendue, ses développements demandent autant d'efforts que de persévérance,

une attention soutenue et profonde, une apti-
tude continue, une vue large et rapide, un ensemble que le génie seul peut concevoir et ne
peut expliquer que par les résultats.

Comme la langue du génie est celle que vous
comprenez le mieux, je l'emploie pour récla-
mer auprès de vous, Sire, les faveurs d'une protection éclairée et d'un encouragement utile et
nécessaire.

Quelle époque fut plus fertile que la nôtre
en miracles, en actions héroïques et sublimes,
et qui puisse rivaliser avec elle? où, précédé du
siècle de la frivolité, de la futilité et du ridicule,
on était loin de penser qu'il recélait dans son
sein les germes de la philosophie la plus élevée,
du génie le plus étendu, de l'énergie et des
grandes pensées; bien cependant qu'il soit de-
meuré comme vérité qu'un siècle enfante les événements de celui qui doit le suivre. La tempête
de la révolution fut semblable à ces longs et
terribles orages du Nouveau-Monde, qui répan-
dent l'incendie et la dévastation sur les immenses forêts vierges encore qui le couvrent,
dévorent ses arbres jeunes et vigoureux, ses arbres antiques et décrépits: tout subit la desti-
née commune: mais ce désastre détruit aussi le
reptile et ravive la terre; aussi la voit-on après
se ranimer plus fraîche de jeunesse et de ver-

dure. C'est ainsi que les orages des hommes vi-
vifient les peuples, et en font ressortir des avan-
tages précieux pour la civilisation et les lumières de l'esprit humain, qui, pareilles au soleil rougissant l'orient de ses premiers rayons,
son feu s'accroît et sa vive lumière s'étend
par gradation sur la nature, la réchauffe et
l'embellit.

C'est donc le grand drame de la révolution et
ses résultats que je me propose de faire conte-
nir dans le cadre le plus majestueux créé par
l'esprit humain; on y repassera à grands traits
l'antiquité de notre histoire, cette race puissante
de Gaulois qui se répand sur la terre comme un
torrent, commande en maîtresse à laquelle ni
les forces matérielles, ni la civilisation, ne sont
un obstacle pour arrêter ni vaincre la course
vagabonde et le joug terrible; image de la fou-
dre sur la terre, tout cède à leur race de géants;
ensuite les événements les plus influents sur le
sort des peuples, sous les races des rois qui ont
régné sur la monarchie; le développement des
idées religieuses, les causes qui concoururent à
l'établissement du christianisme; l'indépendance
des dogmes et des croyances religieuses, la politique fixe et persévérante de la nation comme
monarchie, son accroissement sous ce régime
dû aux lumières diverses; les grandes révolu-

tions accomplies jusqu'à nos jours ; la destruction de la théocratie, celle de l'esclavage, de la
féodalité et des priviléges, qui ont fait accorder
quelques libertés au pays ; la lutte perpétuelle
de l'indépendance et du despotisme sous divers
noms et sous diverses figures.

Mais le sujet principal retracera, depuis le
premier cri de la liberté s'élevant d'une assemblée riche de talents et de principes dont le
monde entier retentit encore, ses préceptes lu-
mineux servant d'exemple et de base au sys-
tème social actuel ; l'apparition distincte de cette
classe moyenne et nombreuse , du peuple ,
foyer de patriotisme et de lumières, d'où sont
sorties toutes les illustrations du temps moderne,
les hommes de la gloire et du génie, qui ont
achevé les travaux immenses de la régénération
sociale ; le tableau hideux et grandiose, étonnant
et terrible, de l'anarchie et de la conflagration
générale des choses et des hommes, où, si le
crime atteignit son dernier période, la vertu l'a
dépassé encore ; où un nouvel et pieux Hénoch
disparaît au sein de cette horrible tempète,
comme arraché des mains des enfants de la co-
lère et de leur endurcissement, née d'une cor-
ruption prolongée et profonde ; où l'amour de
la patrie grandit les hommes, en fait des dieux
fabuleux ; où la force morale d'une armée na-

tionale enfanta des prodiges , rendit ses généraux sévères et rigides comme les principes ; où
se renouvela vingt fois, dans l'espace de moins
de trois lustres , les combats d'héroïsme et de
dévouement de Salamine et des Thermopyles,
isolés dans les siècles passés ; où , au sein
d'une guerre civile et atroce dévorant la patrie
et engloutissant une génération entière , belle
de jeunesse et de héros, on voit la création des
grandes institutions de garantie de droit public et privé , de force, d'ordre et de conservation , de plan d'éducation large et généreux.
Plume de Tacite, c'est à cette période que tu
seras nécessaire, pour répandre sur la mémoire
des hommes pervers une goutte de cette encre
flétrissante que l'éponge du temps ne peut
effacer. C'est aussi vers ce temps que le génie
de l'ambition , sous la figure de Napoléon, choisit l'arme rivale du tonnerre, emblème à venir
de sa domination sur le monde. On retracera
aussi les courses rapides et conquérantes de ce
héros à des entreprises utiles et romanesques, allant tour à tour fouler la terre de Romulus et
étonner celle antique des enfants d'Israël ; la
liberté fuyant les orgies du peuple et ses nombreux et perfides amants, dont elle entrevoit
le despotisme et la puissance à venir de l'un
d'eux ; la réalisation de sa prévision ; la lutte

sanglante, longue et enivrante de la conquête;
les discussions des grandes questions des
neutres, de droit des gens, de droits mari-
times, d'auxiliaires, d'intervention, de balance,
de blocus continental, de respects, de droits
intérieurs, de volonté des masses, de dictature
dans les circonstances difficiles, de légitimité;
enfin le drame énergique prolongé et renouvelé
de Carthage et de Rome, la chute grande et généreuse de l'homme du destin, réclamant deux
places dans la postérité, l'une pour son génie
et sa gloire, l'autre pour sa grande et longue
infortune; la barbarie accourant s'enivrer à la
coupe de la civilisation, et respirer l'air si pur
de nos champs et la douce émanation de nos
fleurs; le rêve du perfectionnement idéal des
sociétés humaines, magnifique pensée de la
sainte-alliance, dont l'application misérable fonda
un avenir dangereux pour les trônes; les effets
de la communication des peuples, apportant
chacun leur somme de vérité, leurs influences
réciproques, les conquêtes intellectuelles qui en
sont le résultat, les pensées utiles qui surgissent
tous les jours de cette communication et de leur
liberté; les peuples secouant les dernières en-
traves imposées par des calculs trivials d'intérêt,
d'influence et de territoire; la civilisation répandant des torrents de lumière, ennoblissant l'ame,

l'élevant à la hauteur de la Divinité, pour faire arriver l'espèce humaine de la terre aux cieux ; l'émancipation des grandes populations ; la proclamation d'une liberté civile et religieuse étendant sa généreuse influence sur les deux mondes ; toutes les erreurs, les préjugés et les volontés rebelles écrasés par le char de la civilisation ; enfin et pour dernier tableau, l'apparition d'une nouvelle jeunesse riche de savoir et de goût, présomptueuse mais énergique, inexpérimentée mais probe et généreuse, qui vient couronner la grande époque actuelle de son brillant avenir.

Joignez à ces grands résultats, à ces hautes pensées, à ces scènes héroïques et terribles, à ces grandes commotions, les caractères idéals et personnifiés de la religion persécutée, rétablie et triomphante ; de l'opinion imprimant sa volonté et régnant sur le monde ; de la liberté de la presse propageant, répandant des torrents de lumière ; et enfin cette grande et noble figure de l'indépendance tour à tour idolâtrée et proscrite, reparaissant en secret, résistant au conquérant de l'Europe et reprenant la puissance de son empire par le magique pouvoir de son nom, ferme et persévérante dans sa longue et périlleuse carrière, depuis la Bastille jusqu'à Waterloo, et depuis Waterloo jusqu'à la colon-

nade du Louvre ; compagne inséparable de la
civilisation, avec laquelle elle marche constamment, et finissant par s'établir ensemble au sein
de la grande nation.

Voilà le majestueux monument qui doit être
élevé par le génie, où se déroulera le vaste tableau de tant d'événements divers, de miracles
et de conquêtes morales, politiques et de civilisation.

Le peuple y cherchera et retrouvera avec un
sentiment d'avidité curieuse et d'admiration les
annales de ses souffrances, de ses sacrifices, de
ses travaux, de ses périls ; le résumé de sa gloire,
de ses efforts héroïques, de l'affranchissement
de préjugés et de routines ; l'agrandissement de
son intelligence, le perfectionnement progressif
de son industrie, son avancement dans les sciences abstraites qui nous mettent en rapport avec
les cieux, les lois civiles qu'il a conquises, vaste
réservoir de lumière, de droiture et de justice,
tribut des siècles ; il trouvera aussi ces nouvelles
théories de finances fictives, dont le résultat se
tourne en réalité ; les vérités de haute économie
politique, qui, détachée des utopies chimériques,
fait des citoyens du temps et non des citoyens
de son pays ; enfin l'aspect de la masse de richesses intellectuelles et matérielles, charriées
jusqu'à notre grande époque par les flots des

générations ; et pour dernier tableau, les pas de
géant qu'il a faits dans les arts et les lettres. Les
lettres, ces filles du ciel qui embellissent la vie
et adoucissent les mœurs, fécondent la société
et remplissent l'ame de noblesse et d'un patriotisme éclairé, tout dans ce grand monument
prendra un corps, une ame ; tout y sera com-
biné et retracé dans des suites de tableaux qui
s'uniront, se coordonneront et n'ôteront rien à
la marche, à la gradation , à l'intérêt général.
Des épisodes choisis et en rapport avec le sujet
principal rappelleront toutes les pensées profondes de la plus haute philosophie; de l'immen-
sité de ce grand et noble sujet, on verra surgir
ces pensées douces et consolantes, que le peuple , par un tact fin et délicat, par un instinct
indéfinissable de justesse qui n'appartient qu'aux
masses de résolver , a déterminé son but, sans
s'effrayer du chemin qu'il avait à parcourir, a
persévéré dans sa course périlleuse, à travers
mille erreurs, mille dangers , mille obstacles,
mille égaremeuts, pour arriver à l'état de bien-
être , qu'il n'a travaillé que pour la conquête de
son repos et de son bonheur, que la pensée do-
minante qui l'anime dans ses actions est que
le repos et la paix triompheront des orages et
des grands et tumultueux événements, ceux-ci
étant hors des lois communes de la nature,

leur prédomination étant impossible, et qu'enfin ses besoins et ses droits doivent rester constamment en expectative, et qu'on ne doit rien lui promettre qu'on ne puisse tenir ni avouer.

Les richesses du monde littéraire peuvent fournir à ce vaste sujet tous les genres d'élocution réunis ; combinés avec ses récits, ses tableaux, elles ajouteront à la pompe de son mouvement et de sa marche ; enfin, il doit être digne d'être offert à la vénération de la postérité jalouse et savante.

Oui, la France veut qu'on éternise la grande époque de son histoire, ses sacrifices immenses, la somme de ses richesses et de ses bénéfices. Quoi ! vingt années auront offert plus de pages à l'histoire que tous les siècles réunis, et les faits miraculeux, les travaux, les conquêtes intellectuelles, ne seront pas réunis en un seul corps pour servir de leçons et d'instruction aux générations à venir ! la France s'indigne ; elle réclame, elle envie aux autres peuples la production la plus sublime du génie, la vaste épopée ; et nous, insensibles Français, ne sommes-nous donc faits que pour en offrir le sujet, l'action et les nombreux épisodes, et être réduits à l'impuissance d'employer les célestes accords de la haute poésie ? Nobles, plébéiens, riches, anciens, peuples, soldats et citoyens, hommes de toutes les clas-

ses, de tous les états , paraissez , surgissez de
la terre , élevez vos ames ; vous avez vu , et vous
vous taisez !

Quoi ! laisserez-vous tomber dans l'oubli tant
de richesses, de conquêtes, de découvertes ,
d'actions éclatantes , de sacrifices , et vous n'êtes
point émus , exaltés , électrisés ? resterez-vous
toujours muets en présence de tant d'objets
d'admiration et d'inspiration ? Ne craignez-vous
pas qu'à la vue de tant d'inertie et d'indifférence,
les races à venir demandent quel peuple nous
étions ? Égoïstes , continuez , oubliez même, per-
dez ces ames de feu ; qu'on ne retrouve vos
traces que dans de froids écrits et dans des masses effrayantes de compilations mensongères :
cessez alors de vous prosterner devant l'opinion
des siècles et celle des peuples vos contempo-
rains ; cessez aussi de croire que les lois ne pré-
viennent plus les maux, que la religion n'essuie
plus la larme du prince et la dernière du dernier de ses sujets ; soyez insensibles à l'harmonie
et aux charmes de la littérature, aux sympathies
des ames avec la religion : croyez maintenant
que l'athéisme et le fanatisme ne détruisent plus
les effets moraux de la vertu et de ses exemples ;
que les faits de votre histoire demeurent sans
fruit ; que l'immense capacité de votre première
assemblée ne laisse dans votre mémoire aucun

souvenir de grandeur et de respect ; que les mar-
tyrs de toutes les opinions ne soient plus vos
frères ; que soixante-dix batailles rangées occu-
pant vingt années de gloire militaire vous trou-
vent sans entrailles pour vos enfants, dont les
mânes sèment les terres étrangères et les fécondent ; que les flots des grands fleuves de la terre
n'arrivent plus à vos oreilles murmurer l'écho de
leurs derniers cris de victoire : demeurez impas-
sibles à tant d'émotions profondes. Cependant,
si vos frères, vos enfants, ne sont plus dans vos
cœurs, sur vos lèvres , les monuments qui at-
testent leur gloire sont pourtant présents à vos
regards. Eh quoi ! la terre n'est-elle plus jonchée
de leurs faits héroïques? les résultats de leurs
efforts n'ont-ils pas ennobli , agrandi votre exis-
tence? Et cette Vendée , vaste brasier de la guerre
civile , n'excite-t-elle pas votre horreur , votre
indignation, et en même temps votre admiration
par son caractère religieux et sublime de dévouement? Oubliez-vous que vous traitiez avec elle,
alors que vous battiez tous les rois de l'Europe,
et que ceux-ci traitaient avec vous? Ses fruits
ne sont-ils plus si amers? A l'aspect de cinq cents
lieues ravagées par les combats et devant un
désert , langage muet, qu'excitez-vous dans les
ames ? — Quoi encore , une de vos larmes se
séchera-t-elle au souvenir des regrets de l'émi-

(13)

gration, aux douleurs de l'exil et de la proscrip-
tion , à la vieille France orgueilleuse d'applaudir
aux conquêtes glorieuses de la nouvelle France !
Resterez-vous immobiles devant la destruction ,
et verrez-vous sans un effroi mélancolique écrou-
ler la pierre de ces châteaux élevés sur les rives
de la Seine , naguère occupés par deux dynas-
ties différentes , expiant, loin du sol sacré d'une
patrie adorée, le tort d'être montées sur le trône ?
La vie est-elle éteinte chez vous , et l'imagination
a-t-elle cessé d'exercer son pouvoir magique à
l'aspect du séjour des tombeaux des rois , où
une famille entière espérait déposer ses cendres,
lorsqu'elle ne laisse que deux de ses membres
comme en exil au sein de leur patrie ! Quoi ! le
despotisme silencieux de Bonaparte et ses monuments impérissables n'occupent-ils plus vos
entretiens ? L'indépendance même , l'indépendance, cessera-t-elle d'être pour vous une émanation de la Divinité ? les grands caractères na-
tionaux cesseront-ils d'exciter vos respects et
votre admiration ? vos savants seront-ils mécon-
nus ? et ces jeunes gens sortis de vos chaumiè-
res, devenus des capitaines expérimentés, exci-
tent-ils encore votre enthousiasme ? le caractère
de ces fiers Gaulois, qui n'avaient que les cieux
pour limites, a-t-il cessé d'être le vôtre ? vos arts,
votre industrie , vos sciences, vos découvertes ,

votre bien-être, vous ont-ils rendus indolents et apathiques ? la vertu, la justice et la conscience ont-elles **cessé** d'exister dans le cœur de l'homme, et ne devraient-elles plus être le grand mobile de toutes les actions humaines ? le fil d'Ariane que vous avez tenu si long-temps dans le labyrinthe des événements s'est-il échappé de vos mains, et votre dernière ancre de salut sera-t-elle d'être soumis au joug des Scythes barbares ? la nation a-t-elle atteint son dernier degré de civilisation ? va-t-elle entrer dans la carrière de la dégradation et de la décrépitude, et se laisser effacer insensiblement du rang des nations ? Non, non, je n'ose le croire, et je vois déja le génie français s'allumer et décrire ses grands cercles qui embrassent toutes les connaissances humaines, c'est par lui qu'échappera notre grande époque à l'oubli des âges : pour moi je prends le ciel à témoin que j'en indique la route, et poserai le premier jalon.

Le temps de l'indépendance et de la régénération sociale doit donc, comme les temps anciens, apparaître à la postérité avec ses immenses conquêtes, la grandeur et la magnificence de ses hauts faits, en les associant aux séduisantes couleurs du génie de la littérature.

Les caractères des premiers âges du monde nous seraient-ils connus, s'ils n'avaient été dominés par le génie céleste de Moïse, qui, à travers les noires régions des siècles , les a entraînés jusqu'au nôtre?

Les temps héroïques et fabuleux nous seraient-ils connus, s'ils n'avaient été célébrés et chantés dans les feuilles harmonieuses du divin Homère?

Les siècles de la Grèce et de Rome , si riches de grandeurs et de perfections , nous apparaîtraient-ils aussi brillants , sans les beaux génies qui nous les ont transmis par la voie des arts et de la littérature?

Non, tout ne serait que ténèbres, et sans la littérature, cette fille céleste qui reparaît toujours après les tempêtes , nous ne jouirions d'aucun des immenses trésors produits par les temps reculés; c'est la littérature qui lie le passé avec le présent, le présent avec l'avenir ; c'est elle qui suit les phases des empires inséparables de leurs destinées; compagne de la vie privée , consolatrice et puissante, elle se cache pendant le tumulte, et reparaît avec le bonheur du genre humain; elle est utile à la puissance d'un État, nécessaire à sa splendeur, à la gloire du monarque, s'empare de cette gloire, qu'elle immortalise en la faisant pénétrer intacte à travers les incalculables régions des siècles. Mais la tempête des hommes est-elle cessée? Il faut le croire , puisque la littérature veut reparaître avec une physionomie nouvelle, un nouvel essor ; elle naît toujours au sein d'une liberté sage et modérée. Aussi, comme aux grandes époques des temps écoulés, elle veut posséder un génie particulier, reprendre son éclat, ses beautés, son caractère divin et sacré, son influence intellectuelle, douce et puissante. Ah! qui la ramènera au milieu de nous, si ce n'est le génie? le génie qu'une main invisible et divine a fait naître unique, exprès, comme elle l'a fait pour les temps antiques, afin que, s'emparant et d'elle et de la grande époque actuelle, il y imprime son caractère, les domine, les entraîne, les élève, pour en perpétuer le souvenir.

Mais où trouver ce génie? Il se tait et il espère, parce que le génie, qui se relève lui-même, perd ce cortége de modestie et de pudeur qui fait l'apanage de ses ravissantes couleurs ; il doit se laisser deviner, parce qu'il est une exception rare dans la nature, un privilége extraordinaire, hors les lois communes, un écart brillant qu'on admire, une faveur des cieux placée au sein des grandes époques, pour en agrandir l'imposant tableau. C'est un événement immense d'un siècle qu'un être doué de la plus grande étendue des facultés humaines, qui joint la force à la hauteur et à la rapidité des pensées, un goût rare et exquis, brûlant dans le foyer de

son ame, simple et modeste dans ses goûts, ses
habitudes, bon, probe et vertueux, la vertu
étant la compagne du génie, et la probité et le
génie faisant les grands hommes; d'une volonté
forte, afin d'être maître de son sort; s'il a la
possession du génie, il en doit la propriété à
l'univers, il peut espérer s'asseoir à la table des
rois, à qui sont imposés les devoirs de le protéger.

L'ami des lettres et des arts n'est-il pas encore
un plus rare assemblage des dons précieux du
ciel; l'amour qu'il possède pour eux est inséparable des grandes pensées. Un protecteur ar-
dent et éclairé n'est-il pas un plus grand événement? Le génie attend pour produire, et le
protecteur le devance constamment dans la carrière de la civilisation; c'est lui qui le fait naître,
le développe et le grandit; il prépare son berceau, berceau qui est le règne de l'amour, du
bien et d'une sage liberté; sans ce règne de bien-
être particulier et intime, sans cette situation de
raison et de modération, tout reste enseveli,
muet et sans vie; le règne du trouble et du fanatisme est un règne de fer et de mort.

Cette grande entreprise sera de longue ha-
leine; elle demande qu'elle soit dignement ache-
vée; aussi la munificence du souverain est-elle
d'une nécessité absolue: le trône doit prêter son
appui à la littérature, puisque celle-ci, en se

chargeant d'adoucir les mœurs, rend à son tour l'appui qu'il lui a accordé en faveur et en protection. Elle a encore ce grand avantage de distraire l'homme de la politique par ses tableaux doux et gracieux, pleins de fraîcheur et de jeunesse en même temps qu'ils sont profonds ; c'est par des conceptions grandes et hardies, c'est par la pompe et la magnificence qu'on étonne les hommes, qu'on les conduit à fixer leur attention sur des objets dont les belles illusions charment leur imagination , leur cœur par la gloire , leur amour-propre par les travaux sortis de leurs mains.

Qu'une science ou un art s'élèvent et dépassent la hauteur des facultés des hommes du siècle , les voilà enlevés , enthousiasmés ; ils n'ont plus qu'un seul désir , une seule pensée , c'est de se mettre à la même hauteur ; et comme les arts et les sciences se lient, se tiennent entre eux, ils n'auront ni repos ni tranquillité qu'ils n'aient fait des efforts incroyables pour atteindre au même degré de perfectionnement : ils veulent marcher à égale élévation. Aussi cette vaste conception produira-t-elle ce résultat, d'offrir à la toile, au ciseau, au théâtre, mille situations différentes, fera éclore des productions nouvelles, excitera le génie des artistes ; mais si l'auteur est privé des faveurs du souverain, son ouvrage

peut se prolonger jusqu'à l'âge où le génie
s'affaiblit, où l'enthousiasme de l'imagination
s'éteint, où se tarit cette sensibilité exquise, ce
tact fin et délicat, indéfinissable, ces mouvements
successifs d'émotion, cette multiplication d'im-
pressions, où tout ce qui se voit, se présente
et s'observe, sont autant de causes excitant la
pensée, la réflexion, les images; l'irritation fébrile,
la flexibilité, la souplesse, tout composant un
miroir mobile d'où jaillit cette poésie intérieure
et religieuse, ces pensées intimes qui font com-
muniquer avec le monde physique et moral de
l'univers, cette réunion de suavité qui crée,
s'éteint et se renouvelle, fonds inépuisable de
pensées, improvisées ou plutôt devinées, consti-
tution du génie, où tout peut passer et s'étein-
dre. Le soleil perd son influence chaleureuse et
l'éclat de la lumière à l'approche des autans. La
nature est mon seul guide. Riche de ses divines
inspirations, de ses inépuisables bontés, elle
m'exalte et m'entraîne. Avertissement céleste et
présage certain d'une faveur particulière, j'ai la
confiance de moi-même qui me donne les moyens
de tout entreprendre : c'est la révélation de l'a-
venir. D'ailleurs, quand mon génie brut, moins
esclave des règles scolastiques, n'aurait que le
mérite de faire jaillir des étincelles propres à allumer le flambeau de génies créateurs et savants,

monde littéraire me devrait encore de la recon-
naissance.

Ne pesez pas , Sire , votre généreuse influence;
laissez-la couler. Fier des dons que la nature m'a
répartis, j'attends et j'espère. Le siècle s'ouvre et
pour vous et pour moi ; le temps des grandes
commotions arrive et peut se précipiter. La pro-
phétie du génie peut se réaliser, que la barbarie
voudra s'asseoir à la place de la civilisation ;
mais l'ascendant d'un souverain généreux et
protecteur et le génie des lettres sont des bar-
rières difficiles à franchir.